Les

Bernadette Renaud

Illustrations : Fabrice Boulanger

ELIMINÉ

Directrice de collection : Denise Gaouette

Rat de bibliothèque

Données de catalogage avant publication (Canada)

Renaud, Bernadette

Les gros bisous

(Rat de bibliothèque. Série rouge ; 6)
Pour enfants de 6 ans.

ISBN 2-7613-1570-7

I. Boulanger, Fabrice. II. Titre. III. Collection : Rat de bibliothèque (Saint-Laurent, Québec).
Série rouge ; 6.

PS8585.E63G86 2004   jC843'.54   C2004-940313-3
PS9585.E63G86 2004

Dépôt légal : 2e trimestre 2004
Bibliothèque nationale du Québec
Bibliothèque nationale du Canada

IMPRIMÉ AU CANADA   1234567890 IML 0987654
                                              10631   ABCD   JS16

Marilou ne veut pas se coucher.

— Papa, je n'ai pas sommeil,
dit Marilou.

4

Papa ne change pas d'idée.
— Tu te brosses les dents.
Je te lis une histoire.
On se donne des gros bisous.

— Tu dors...
  et tu fais des beaux rêves !

Le lendemain soir,
Marilou ne veut pas se coucher.

— Papa, je n'ai pas assez joué,
dit Marilou.

Papa s'impatiente.
— Tu te brosses les dents.
Je te lis une histoire.
On se donne des gros bisous.

— Tu dors...
   et tu fais des beaux rêves !

10

La semaine suivante,
Marilou est chez sa maman.
Marilou ne veut pas se coucher.

— Maman, je veux un verre de lait.
Maman, je veux un biscuit,
dit Marilou.

Maman sourit.

Elle ne change pas d'idée.

— Tu te brosses les dents.

Je te lis une histoire.

On se donne des gros bisous.

— Tu dors...
et tu fais des beaux rêves !

Dans l'autre maison,
papa est couché.
Il s'est brossé les dents.
Il a lu une histoire.

Mais papa ne dort pas...
Il n'a pas eu des gros bisous.